INVENTAIRE
V.16.407

I0115258

OBSERVATIONS

présentées

AU GOUVERNEMENT

... la Compagnie du Chemin de Fer

DE PARIS A ORLÉANS.

PARIS.

... LIBRAIRE, QUAI DES AUGUSTINS, 41.

Avril 1839.

V

16407

LETTRE

A

MESSIEURS LES MINISTRES

RÉUNIS EN CONSEIL.

Paris, 25 *Avril* 1839.

MESSIEURS LES MINISTRES,

Le bruit se répand que le ministère va proposer aux Chambres de relever les deux compagnies des chemins de fer du Hâvre et d'Orléans, de plusieurs des charges que les lois de concession leur ont imposées. Des modifications que l'on réclame, les unes touchent à l'intérêt général, et nous ne doutons pas qu'elles n'aient été mûrement examinées; les autres soulèvent des questions de droit et d'intérêt privé, sur lesquelles la justice du conseil doit désirer d'être pleinement éclairée. Intéressés à la solution de ces dernières, pour ce qui concerne l'entreprise d'Orléans, nous venons vous soumettre quelques réflexions que nous tâcherons d'exprimer de la manière la plus succincte. Permettez-nous d'abord de rappeler les faits.

Historique de la concession du chemin de fer d'Orléans.

Lorsqu'après de longs et solennels débats la résolution de livrer les grandes lignes de chemins de fer à l'industrie, eut prévalu devant la Chambre des Députés, plusieurs compagnies se présentèrent

pour la ligne d'Orléans. On pouvait la mettre en adjudication publique, on pouvait la donner purement et simplement par voie de
concession. Ce fut ce dernier parti qu'adopta M. le Ministre du
Commerce : il fit venir dans son cabinet celles des compagnies qui
lui inspiraient le plus de confiance, les entendit et leur demanda
leurs soumissions. Nous fûmes au nombre des soumissionnaires ;
après deux ou trois réunions, on nous objecta que notre compagnie, quelque solide qu'elle pût être, n'étant pas liée par un acte
de société, n'offrait pas des garanties suffisantes pour obtenir l'entreprise.

C'était la première fois qu'une pareille condition était exigée.
Les réglemens des Ponts et Chaussées n'en font aucune mention ;
ils n'imposent d'autre condition financière que celle du cautionnement, et nous offrions le versement immédiat d'un cautionnement
de 2 millions, c'est-à-dire le double de celui qu'on a exigé de la
compagnie préférée. Les réglemens veulent en outre qu'en matière
de travaux publics, les soumissionnaires fassent leurs preuves de
capacité. Notre compagnie était la seule qui satisfît à cette obliga-
tion ; elle présentait, comme témoignage de sa connaissance par-
faite de l'entreprise : 1º un plan de la ligne qui améliorait, en plusieurs points, le projet de l'administration, sans abandonner la
direction générale du tracé soumis aux enquêtes ; 2º une étude
financière et commerciale, qui donnait l'appréciation, aussi exacte
que possible, des dépenses et des produits (1). Dans cet état de
choses, nous ne pûmes accepter le choix du ministre comme définitif, et nous en appelâmes à la commission de la Chambre des
Députés chargée d'examiner le projet de loi.

---

(1) Le projet est entre les mains de M. le Directeur général des Ponts et Chaussées.
L'étude financière a fait l'objet d'un volume imprimé, qui a été remis à M. le Ministre du
Commerce.

Là, les titres des soumissionnaires furent l'objet d'une information sérieuse. La commission voulut reviser les conditions du cahier des charges, s'enquérir des motifs qui avaient dicté la préférence ministérielle, et des droits que pouvaient avoir les soumissionnaires écartés. Elle fut si frappée des explications que nous lui
donnâmes, par nous-mêmes et par l'organe de l'honorable M. Dar-
blay, membre du conseil général de la Seine, sur l'importance de
nos travaux, sur nos études et sur les inconvéniens du tracé de
l'administration, qu'elle eut la pensée d'annuler la concession
Leconte et de transférer l'entreprise à notre compagnie ; mais
M. le Ministre du Commerce se crut lié par le traité qu'il avait
passé avec la compagnie Leconte : il déclara qu'il était obligé de
la soutenir. D'une autre part, l'impatience publique paraissait se
fatiguer des sages lenteurs de la commission, dont elle ignorait les
causes. Les journaux annonçaient que tout était prêt de la part de
la compagnie concessionnaire, qu'elle adhérait à toutes les modifications faites au cahier des charges, que rien dès lors ne pouvait
plus s'opposer à ce qu'on homologuât la concession ; on alla même
jusqu'à publier une déclaration de M. Leconte, portant que la to-
talité du capital nécessaire à l'entreprise étant placée depuis long-
temps, il ne restait plus *une seule action à émettre.* La commission
ne résista plus ; elle manda M. Leconte, elle lui fit signer les
changemens convenus au cahier des charges ; elle l'avertit que,
dans le cas où il ferait usage de notre tracé au lieu de suivre celui
du projet de loi, il devrait d'abord s'en entendre avec nous, et elle
déposa son rapport. Ce document s'exprime en termes trop bien-
veillans sur nos travaux pour que nous les répétions ici ; cependant,
comme toutes ses prévisions, quant au tracé, ont été justifiées par
l'événement, et comme, d'ailleurs, il pose les bases d'une question
de droit et de propriété, sur laquelle nous aurons tout à l'heure à

fixer votre attention, nous vous prions de vouloir bien vous y référer (1).

On sait quelles ont été les suites du traité passé avec la compagnie Leconte. On se rappelle qu'un mois après l'adoption de la loi, cette même compagnie, qui avait déclaré n'avoir *plus une seule action à placer,* présenta subitement *toutes ses actions* à la Bourse en demandant une prime de 10 pour cent (2). On n'a pas oublié le mécontentement qu'excita cette conduite, la défaveur qui en rejaillit sur l'entreprise, et la nécessité où la compagnie se trouva de revenir sur cette malheureuse prime de 10 pour cent, en l'expliquant par un subterfuge peu digne, en vérité, de la gravité du sujet (3). Enfin, il est à la connaissance de tout le monde, que ce retour tardif de la compagnie à des principes de justice plus exacts, n'a même pas arrêté la dépréciation de ses actions, et que si elles tendent depuis quelques jours à remonter vers le pair, c'est seulement en raison des dispositions qu'on suppose au gouvernement d'accéder aux désirs de la compagnie, pour la révision de ses engagemens. Du reste, nous n'entendons pas faire ici le procès à la société d'Orléans. Nous savons que si elle a commis des fautes, elle les a peut-être rachetées depuis par une louable persévérance. Aussi ne songeons-nous pas à invoquer contre elle l'autorité des faits que nous venons de rappeler. Nous ne les avons cités que parce qu'ils se rattachent naturellement à la discussion des changemens sollicités, et à l'examen de la double question de droit et de propriété qu'ils soulèvent.

(1) Rapport de M. Vivien. Séance du 13 mai 1838, p. 4 et 5.

(2) Journaux des 22 et 23 août 1838.

(3) Voir dans les journaux du 28 août, la note signée Pillet-Will, où l'on prétend qu'en établissant les actions à 10 pour cent de prime, la compagnie avait oublié qu'elle en avait promis pour 2 millions au pair à la ville d'Orléans.

Modifications demandées au cahier des charges.

En proposant au Gouvernement de la relever des conditions les plus onéreuses de sa concession, la compagnie d'Orléans croit sans doute ne demander qu'une chose simple, facile et juste. Les objections toutefois sont trop graves pour n'avoir pas fixé l'attention du conseil.

En thèse générale, peut-on résilier au profit d'une des parties tout ou portion d'un contrat public, lorsque les clauses de ce contrat résultent d'un concours auquel des tiers sont intervenus?

Et pour formuler la question d'une manière plus spéciale, y a-t-il possibilité de faire jouir la compagnie Leconte de conditions plus favorables que celles qui ont été soumissionnées par elle, après que ses concurrens ont été écartés en vue de ces mêmes conditions qu'elle avait souscrites?

Evidemment cette question ne peut être résolue dans le sens de la demande, qu'autant que l'on représenterait le consentement des tiers concurrens, ou tout au moins qu'on arguerait de la nécessité publique, c'est-à-dire, autant qu'on prouverait qu'il est impossible d'exécuter le chemin de fer par la compagnie actuelle *ou par toute autre compagnie*, sans accorder les changemens sollicités. Or, il suffit d'observer que nous, les représentans de la compagnie la plus sérieuse de celles qui ont concouru pour l'entreprise, nous, dont les plans sont devenus indispensables à l'achèvement du chemin de fer, nous n'avons reçu ni de l'autorité, ni de la compagnie concessionnaire, aucune ouverture sur l'alternative que nous venons d'établir.

Examinons quelles sont les modifications réclamées. Une note insérée par les directeurs de la compagnie Leconte, dans le *Jour-*

nal du Loiret, du 20 février dernier, annonce qu'elles consistent dans :

1° La garantie d'un *minimum* d'intérêt de 3 pour cent et d'un amortissement de 1 pour cent pendant 46 ans.

2° L'autorisation de payer aux actionnaires, pendant la durée des travaux, 4 pour cent d'intérêt sur les fonds versés.

3° L'élévation des pentes à 5 millimètres par mètre.

4° La suppression des embranchemens de Pithiviers et d'Arpajon.

5° L'élévation du *maximum* des tarifs pour le transport des voyageurs et des marchandises.

6° La suppression de la clause qui limite à 10 pour cent les bénéfices de la compagnie.

7° La suppression de plusieurs articles de la convention additionnelle, et modifications diverses au cahier des charges.

Si telles sont effectivement les modifications demandées, on doit avouer qu'elles sont de nature à changer toute la face de l'entreprise et à lui imprimer une grande facilité d'exécution. Mais il faut reconnaître aussi qu'à de telles conditions, pas une seule compagnie n'eût hésité à se charger du chemin d'Orléans, et nous sommes même très convaincus qu'aujourd'hui encore, malgré le discrédit qui pèse en général sur les entreprises industrielles, plusieurs propositions pourraient être beaucoup plus favorables que celles de la compagnie Leconte. Nous ignorons, du reste, quelles sont celles de ces demandes que le conseil a pu admettre. Dans l'incertitude, nous présenterons sur toutes de brèves réflexions.

Garantie d'un minimum d'intérêt. — Cette question a été tellement controversée à la Chambre et dans les feuilles périodiques, que la discussion paraissait épuisée lorsqu'elle fut ranimée par une brochure, dont l'auteur est un des principaux membres de la compagnie Leconte (1). Quelle que soit l'habileté de l'écrivain, elle ne saurait faire illusion sur les dangers de son système; on voit bien quel est l'intérêt des banquiers dans cette combinaison; mais on n'aperçoit pas aussi clairement s'il se trouve d'accord avec l'intérêt public. Avec 3 pour cent d'intérêt et 1 pour cent d'amortissement, c'est-à-dire, 4 pour cent *garantis par l'Etat*, il n'est pas de maison de banque qui ne soit en mesure d'appeler à elle tous les capitaux qu'elle pourra utiliser; à plus forte raison la chose sera-t-elle facile à une société aussi puissante que la compagnie d'Orléans; et l'on peut prédire que si cette condition est accordée, ce n'est plus au Trésor, mais aux compagnies concessionnaires, que les capitalistes porteront leurs fonds; car, au moyen du paiement des intérêts pendant la durée des travaux, ils sont sûrs d'obtenir un revenu immédiat de 4 pour cent, lorsque le trésor leur offrirait tout au plus 2 et 1/2, sans leur donner plus de sécurité (2).

---

(1) Du meilleur système à adopter pour l'exécution des chemins de fer, par M. Bartholony.

(2) La dette flottante, qui se soutient par le crédit de l'Etat et par les dépôts de fonds que reçoit le Trésor, est aujourd'hui de 368 millions, sur lesquels 264 proviennent des dépôts en comptes-courans, et des sommes placées au Trésor (Projet de loi présenté par le Ministre des Finances à la Chambre des Députés le 22 avril 1838). Or, les fonds exigés par les chemins de fer concédés ne peuvent pas être évalués à moins de 250 millions, savoir :

Pour le chemin des Plateaux.	150,000,000 fr.
— d'Orléans.	40,000,000
— de Strasbourg à Bâle.	40,000,000
— de Dunkerque à Lille.	10,000,000
autres petits chemins de fer.	10,000,000
Total.	250,000,000

Nous prenons ici les estimations les plus modérées ; et nous demandons avec quoi le Ministère des Finances ferait face aux exigences de la dette , s'il venait à se dépouiller de sa principale ressource en poussant une telle masse de capitaux dans les che-

L'opération, il faut le dire, est judicieusement combinée en faveur des concessionnaires. Ajoutons que si le principe des intérêts garantis s'établit d'une manière générale (et l'on ne pourra eu refuser le bénéfice à d'autres entreprises, dès qu'une seule l'aura obtenu), tous les chemins de fer, bons ou mauvais, pourront se réaliser, au grand profit des associations de banquiers qui s'en chargeront, mais avec la chance de grever nos finances de charges énormes et l'avenir d'impôts inappréciables.

Intérêt de 4 p. cent aux actionnaires jusqu'à la fin des travaux. — Dégagée de la première, cette demande nous paraît sans aucun danger. C'est d'ailleurs ainsi que les entreprises se sont faites pendant long-temps, et ce mode n'avait d'autre inconvénient que d'obliger les entrepreneurs à grever leurs devis de toute la somme nécessaire au paiement des intérêts. Le conseil d'État a cru y découvrir des abus, et peut-être y en avait-il en effet. Pour retrancher l'abus, on a supprimé l'usage. Cependant la faculté de payer les intérêts dès le commencement de l'entreprise, peut contribuer à rappeler les petits capitaux vers les chemins de fer.

Élévation des pentes à 5 millimètres. — C'est ici une question d'art. Mais il est impossible de ne pas remarquer combien elle peut exercer d'influence sur la formation des compagnies ; car telle entreprise qui exigerait 30 millions avec la pente de 3 millimètres, imposée par l'administration à tous les soumissionnaires, n'en demanderait peut-être pas 20 avec une pente de 6 millimètres. Or, encore une fois, cette pente de 3 millimètres a été une

---

mins de fer, par l'appât d'un intérêt supérieur à celui qu'accorde le Trésor. Il est sans doute superflu de démontrer qu'au moyen de la garantie d'intérêt, les actions des Compagnies acquerraient un cours régulier et une facilité de réalisation qui les ferait préférer aux Bons du Trésor, *même à intérêts égaux.*

des conditions les plus absolues du concours ouvert entre les différentes compagnies qui se sont présentées pour la ligne d'Orléans.

Suppression des embranchemens de Pithiviers et d'Arpajon. — L'embranchement de Pithiviers fait partie du projet de tracé adopté par le conseil général des Ponts-et-Chaussées. Nous avons reconnu les premiers qu'il formait dans l'entreprise une charge sans compensation suffisante, et nous en avons demandé l'abandon à la commission de la Chambre des Députés, pour y substituer l'embranchement beaucoup plus utile d'Étampes ou d'Arpajon sur Chartres. La commission a préféré l'embranchement de Pithiviers que la compagnie Leconte s'est empressée de souscrire (1). En en proposant aujourd'hui la suppression, elle rend hommage à la supériorité de nos études ; mais n'est-il pas permis de s'étonner de ce résultat, et de soupçonner que lorsqu'elle acceptait ainsi avec facilité des conditions qu'un concurrent plus attentif ne pouvait admettre, elle avait plus en vue son intérêt du moment, que l'intérêt réel de l'entreprise ?

Quant à *l'embranchement d'Arpajon*, nous pensons également qu'il doit être supprimé, non pas comme inutile, mais parce qu'il y a possibilité de desservir Arpajon directement. Nous l'avons démontré par le tracé que nous avons produit, et qui est le seul qui puisse accorder, sur ce point comme sur celui d'Étampes, l'intérêt public et l'intérêt de la compagnie (2).

Elévation du maximum *des tarifs.* — Cette question se lie à la suivante, *Suppression de la clause qui limite les bénéfices,* car de

---

(1) Rapport de M. Vivien, page 5.

(2) Voir la lettre imprimée que nous avons adressée à la commission, sous la date du 6 juin 1838, et dont nous joignons un exemplaire à ce Mémoire.

l'accueil qui sera fait à l'une dépend naturellement la solution de l'autre.

Comme tous les autres soumissionnaires, la compagnie Leconte a adhéré aux tarifs proposés par le Ministre et par la commission ; il est évident qu'elle ne pouvait obtenir la préférence sur ses concurrens qu'en acceptant ces tarifs dans toute leur sévérité. Aujourd'hui qu'elle est devenue concessionnaire, elle en réclame l'élévation. Nous n'avons pas besoin de montrer combien cette marche de la compagnie blesse le droit commun, combien elle est subversive de toute justice. Bien avant que la compagnie Leconte eût arrêté ses idées sur ce sujet, peut-être même avant qu'elle en eût soupçonné toute l'importance, nous avions établi l'insuffisance des tarifs adoptés dans un écrit où nous discutions tout à la fois cette partie du cahier des charges et la nécessité de pourvoir au double service des voyageurs et des marchandises. Ne pouvant revenir sur ces détails, sans excéder les bornes d'une simple lettre, nous vous demandons la permission de nous référer à notre publication ci-jointe (1).

Notre pensée a toujours été que les tarifs des chemins de fer devraient être libres. Mais nous ne concevons pas qu'en réclamant cette liberté, ou, ce qui revient au même, la sur-élévation des tarifs, on veuille supprimer en même temps la limitation des bénéfices. La clause qui limite les bénéfices nets à 10 pour cent n'a de valeur que comme correctif d'un tarif élevé. C'est en ce sens qu'en Angleterre elle se trouve jointe à plusieurs chartes de chemins de fer accordées par le Parlement. Avec les prix de transport établis au cahier des charges d'Orléans, cette clause pouvait susciter de justes critiques. Mais elle reprend tout son mérite, elle devient

_____

(1) De quelques modifications à faire au projet de loi sur le chemin de fer de Paris à Orléans, par Frimot, juillet 1838.

même d'une indispensable utilité, du moment où ces prix doivent être modifiés au profit des entrepreneurs.

Suppression de plusieurs articles de la convention additionnelle et modifications diverses. — La note que nous avons sous les yeux ne donne aucune explication sur cette partie des demandes. Mais nous avons lieu de croire qu'au nombre des changemens qu'elle indique sommairement se trouve le changement du tracé ; et, par conséquent, l'importante question de propriété qui est pour nous d'un intérêt spécial. Nous entrerons à ce sujet dans quelques détails que nous prenons la liberté de recommander à l'attention du conseil.

Tracé du Chemin de Fer. — Question de propriété.

Nous avons dit plus haut que, seule de tous les soumissionnaires, notre compagnie avait fait une étude graphique du plan de l'entreprise, et que le tracé rectificatif qui en est résulté avait assez frappé la commission pour qu'elle crût nécessaire de réserver nos droits, avant de sanctionner le traité définitif obtenu par la compagnie Leconte. On voit en outre, par son rapport (1), qu'elle n'hésita pas à proposer ce plan *aux méditations sérieuses de l'administration des Ponts et Chaussées*, déclarant qu'il pourrait, avec son assentiment, *trouver place dans l'exécution du projet.*

D'après ces vues de la commission, nous dûmes considérer comme un devoir de déposer toutes nos études entre les mains de M. le Directeur général des Ponts et Chaussées. C'est ce que nous fimes sous la date du 15 août 1838. Nous y joignîmes un mémoire où les inconvéniens du premier tracé et les avantages du nouveau étaient soigneusement expliqués ; et, par une lettre sous la même date, nous prévinmes la compagnie Leconte de ce dépôt, en

_____

(1) Page 4 et 5.

l'avertissant que les plans et le mémoire étaient à sa disposition.

Cette compagnie, du reste, en avait déjà pris connaissance à la commission de la Chambre des Députés, et de plus son ingénieur en chef, M. Jullien, avait obtenu de nous directement une communication détaillée de nos travaux sur les points les plus difficiles de l'itinéraire, spécialement sur le passage d'Étampes. Aussi, dès que la loi fut adoptée, la compagnie s'empressa-t-elle de faire étudier ce passage, qui peut être considéré comme la clé de l'entreprise.

Le résultat de ses investigations est celui que nous avions prévu depuis long-temps, celui que nous avions proclamé près de M. le ministre du commerce, près de la commission de la Chambre : il constate *l'impossibilité de faire passer le chemin de fer par la vallée tourbeuse de la Juine, sans jeter la compagnie dans des dépenses ruineuses.* Or, cette direction impraticable *de la Juine,* c'est pourtant celle que la compagnie a soumissionnée, celle qu'elle a obstinément défendue contre nos justes critiques, celle, en un mot, qu'elle s'est engagée à exécuter dans son double traité avec le Ministre et avec la commission.

Reconnaissant trop tard l'imprudence de ses engagemens, elle a commencé par suspendre toute espèce de travaux sur la ligne d'Etampes, pour les concentrer sur l'embranchement de Corbeil ; puis elle sollicite l'autorisation d'abandonner l'itinéraire de la Juine pour y substituer (ce sont les termes de la demande) *une autre direction à la droite d'Étampes.*

Quelque générale, quelque vague que soit cette formule, nous n'accuserons pas la compagnie de s'en être servie à dessein. Il nous répugnerait de lui supposer l'intention d'abuser, par un vain artifice de mots, la loyauté du Conseil. Cela d'ailleurs ne pourrait tromper personne, car personne n'ignore qu'*à la droite d'Étampes,* et pour desservir cette ville, il n'existe qu'une seule direction possible, c'est celle dont nous avons fourni les plans, celle qui consiste à passer de la vallée de l'Orge, sur le plateau de la Beauce, par la vallée étroite, mais suffisante, *de la Chalouette*. Nous en avons développé les avantages dans notre Mémoire ; les principaux sont : 1° d'offrir une pente uniforme de 3 millimètres par mètre, constamment *descendante* dans le sens des marchandises expédiées d'Orléans, ce qui diminue notablement les frais de traction (1) ; 2° de mieux servir la ville d'Étampes qu'elle touche dans toute sa longueur, tandis que le tracé de la Juine passe à l'extrémité du faubourg Saint-Pierre, éloignée de la ville de près d'une demi-lieue ; 3° et surtout de placer la construction du chemin de fer sur un terrain solide, où il existe peu de tourbières, c'est-à-dire d'épargner à l'entreprise, comparativement avec le tracé de la Juine, une dépense de construction qui ne peut pas être évaluée à moins de 7 à 8 millions.

Mais ce plan, c'est notre pensée, c'est notre travail ; nous l'avons découvert par des études spéciales et coûteuses, alors qu'il avait échappé aux recherches de l'administration et des autres compagnies, de celles qui se sont donné la peine d'explorer le terrain. Il constitue donc à notre égard une propriété privée, garantie par les articles 7 et 8 de la Charte, comme toute autre propriété, comme la propriété littéraire ; et sur laquelle les réserves faites par la commission de la Chambre des Députés, ont eu pour but de nous conserver toute l'intégrité de nos droits (2).

(1) Nous nous réservons de prouver, quand le moment sera venu, que tout ce qu'on avance sur l'impossibilité prétendue de gravir le Plateau par une pente de 3 millimètres, est inexact, et que porter cette pente à 5 millimètres ce serait sacrifier sans utilité le principal mérite de la ligne de Paris à Orléans.

(2) Voir ce qui a été fait, conformément aux règles et aux usages de l'administration des Ponts et Chaussées, dans l'affaire du chemin de fer de Versailles, relativement à M. Richard, auteur d'un projet de tracé dont une très faible partie a été conservée, et dans l'affaire du canal de la Garonne, en faveur de la famille Douin, propriétaire des plans.

CONCLUSION.

Nous nous sommes attachés, Messieurs les Ministres, à ne présenter dans ce court exposé que des faits d'une scrupuleuse exactitude. Si nous en tirions les conséquences logiques qui en découlent, elles pourraient être rigoureuses, car nous croyons qu'une société industrielle qui, après avoir soumissionné une entreprise et l'avoir obtenue, sans titres valables (nous osons le dire aujourd'hui que l'événement le prouve), s'arrête dans l'impossibilité de poursuivre les travaux et réclame le changement radical de toutes les clauses de la concession, nous croyons, disons-nous, qu'une telle compagnie se trouve virtuellement déchue de son privilége, et qu'il serait juste de le transférer à une autre. Et vainement chercherait-elle à récriminer en rappelant l'inexactitude des devis adoptés par l'administration ou les défectuosités des tracés officiels. Personne n'ignore que ces devis et ces tracés, reçus par le Gouvernement comme avant-projets, et sans doute avec la pensée de les améliorer ultérieurement, s'il était appelé, comme il le désirait alors, à les exécuter lui-même, ont été présentés aux compagnies *sans garanties* (ce sont les termes des projets imprimés.) D'ailleurs, il est du devoir de toute compagnie qui aspire à l'honneur de diriger des entreprises aussi vastes et d'y appeler les capitaux du pays, d'en étudier par elle-même le mécanisme, et d'en apprécier, avant tout, avec certitude, les dépenses réelles et les produits présumés. De leur part l'imprévoyance est sans excuse.

Mais il vous appartient, Messieurs les Ministres, de peser les faits et les circonstances, et d'en faire sortir une décision équitable.

Représentans d'une Société dont les études ne peuvent plus rester étrangères à l'entreprise, nous devions faire connaître au Conseil notre position personnelle vis-à-vis des concessionnaires, et placer le maintien de nos droits sous la sauvegarde de sa justice. Mais le Conseil voudra sans doute examiner en outre s'il ne serait pas de toute équité, si même l'intérêt de l'État n'exigerait pas qu'on appelât les deux compagnies à un nouveau concours sur les bases établies par la demande de la compagnie Leconte.

Nous avons l'honneur d'être, avec respect, Messieurs les Ministres,

Vos très humbles et obéissans serviteurs,

NOBLET. FRIMOT.

Post-Scriptum.

Ce Mémoire venait d'être présenté lorsque nous avons eu connaissance des deux lettres écrites au Ministre du Commerce et au Président du Conseil des Ministres, par la Compagnie du chemin de fer d'Orléans. Elles ne nous ferons pas regretter de nous être montrés modérés envers la Compagnie, quoique nous y trouvions plusieurs sujets de griefs personnels, et qu'elles renferment des énonciations contre lesquelles nous devons protester énergiquement. Mais l'affaire est trop grave pour ne pas provoquer de la part du Gouvernement et devant les Chambres, une information sérieuse. Nous retrouverons ainsi naturellement l'occasion de nous expliquer sur tous les points, que nous avons dû négliger dans ce court exposé.

BIBLIOTHEQUE NATIONALE DE FRANCE

3 7531 03970773 3

www.ingramcontent.com/pod-product-compliance
Lightning Source LLC
Chambersburg PA
CBHW060712280326
41933CB00012B/2406